Charles Ernest Beulé

La Minerve
de M. Simart

Beaux-Arts

 Le code de la propriété intellectuelle du 1er juillet 1992 interdit en effet expressément la photocopie à usage collectif sans autorisation des ayants droit. Or, cette pratique s'est généralisée dans les établissements d'enseignement supérieur, provoquant une baisse brutale des achats de livres et de revues, au point que la possibilité même pour les auteurs de créer des œuvres nouvelles et de les faire éditer correctement est aujourd'hui menacée. En application de la loi du 11 mars 1957, il est interdit de reproduire intégralement ou partiellement le présent ouvrage, sur quelque support que ce soit, sans autorisation de l'Éditeur ou du Centre Français d'Exploitation du Droit de Copie , 20, rue Grands Augustins, 75006 Paris.

ISBN : 978-1976540059

10   9   8   7   6   5   4   3   2   1

Charles Ernest Beulé

La Minerve de M. Simart

Beaux-Arts

Table de Matières

Introduction	6
Section I	8
Section II	20

Introduction

Quel voyageur n'a point évoqué par la pensée la Minerve de Phidias au milieu des ruines silencieuses du Parthénon, à la place même où le colosse a laissé son empreinte magnifique, sous un ciel transparent dont les yeux bleus de la déesse étaient réputés le symbole, tandis que du haut de l'Acropole on domine les lieux les plus célèbres de la Grèce, tandis que les souvenirs remplissent l'oreille de leur éloquent murmure, tandis qu'avec la brise on croit respirer le souffle du passé ? Autour de vous vivent les débris des frontons et des frises ; sur le portique du couchant, les cavaliers des Panathénées n'ont point interrompu leur immortelle procession. Ils sont tombés avec les trois autres portiques ; une main étrangère les a ravis, et l'éclat de leurs marbres, que le soleil d'Athènes ne dort plus, s'éteint chaque jour sous les brumes de l'Angleterre ; mais à quelques pas, dans une mosquée voisine de l'Aréopage, sont réunis tous les moulages en plâtre, ombres fidèles et saisissables des chefs-d'œuvre exilés. De cette foule créée par Phidias et ses élèves se dégage peu à peu un type idéal, auquel le Parthénon sert de piédestal. Les témoignages des auteurs anciens concourent à lui donner plus de netteté : là doit briller l'or, ici s'arrondit l'ivoire. Minerve est debout, vêtue d'une longue tunique. L'égide couvre sa poitrine : deux pierres précieuses donnent à son regard la profondeur et la lumière. Une des mains porte la Victoire aux ailes d'or ; l'autre main tient la lance, auprès de laquelle se dresse le serpent Erechthée, tandis que le bouclier rehaussé de reliefs repose aux pieds de la déesse. Le casque est surmonté d'un sphinx et orné de griffons sur les côtés.

L'attitude et l'ajustement de la statue une fois déterminés, l'imagination poursuit son effort et s'applique aux détails. Quel sera le mouvement des draperies, la forme du casque, l'expression des traits, la disposition de la chevelure? Quelle action prêter à la Victoire, quelle importance à l'égide, quel caractère au serpent? Alors on se prend à parcourir de nouveau par le souvenir les musées de Paris et de Londres, de l'Allemagne et de l'Italie. Florence ou Rome, Naples ou la Sicile n'ont-elles point offert tel morceau qui avait paru soit une imitation, soit une réminiscence de Phidias? Les terres cuites, les bronzes, les vases peints, les pierres gravées, les monnaies antiques ont reproduit Minerve sous des aspects innombrables : ne trouve-t-on nulle part une copie de la vierge du Parthénon ? Ne reconnaît-on du moins dans aucune œuvre un style voisin du style de Phidias et une beauté digne de lui être attribuée ? Ainsi se complète un rêve plein de jouissances téméraires qui se dissipent lorsqu'on essaie de les communiquer. En face du papier que de difficultés! que de scrupules! quelle pudeur d'oser prêter à un tel génie les préférences de son propre goût ! Les poètes nous montrent les fantômes se jouant de qui les veut saisir : telle la Minerve de Phidias, dès qu'on prétend la décrire. Quelques traits demeurent certains : les Grecs eux-mêmes nous les ont retracés ; mais les lignes, les formes, les ornements, les couleurs, tout se dérobe; on obtient à peine un crayon décevant, qui ne se sauve qu'en s'entourant d'un nuage.

Une statue de Phidias ne se refait pas plus qu'une tragédie perdue de Sophocle, à l'aide de quelques citations tirées des auteurs. Les plus grands sculpteurs de la renaissance eussent succombé devant une pareille épreuve. Aussi, lorsque j'ai appris que M. le duc de Luynes et M. Simart nous promettaient une image réduite de la Minerve du Parthénon, j'ai cru d'abord que ce n'était qu'un détour ingénieux pour faire accepter au public la statuaire chryséléphantine. Sous un but apparent, qu'ils savaient bien n'être qu'une chimère, j'ai cru qu'ils cachaient un but réel et voisin de l'application pratique. L'archéologie n'est qu'une érudition stérile, si dans le passé elle ne démêle point l'enseignement de l'avenir, si dans le génie antique, à côté des secrets, elle ne cherche point sans cesse des modèles. Toutefois ces modèles mêmes, il appartient à la sculpture de les mettre en lumière par ses effets matériels et de les consacrer par l'épreuve de l'exécution. Dès lors Phidias n'est qu'un prétexte; c'est la statuaire elle-même qui est en jeu. Il ne s'agit plus de deviner dans tous ses détails la pensée du maître à travers une nuit de vingt-quatre siècles : il faut retrouver les traditions de l'art qu'il avait conduit à sa perfection; il faut montrer quel est l'éclat de l'or, quelle est la douceur de l'ivoire, comment leur alliance est possible, combien elle est harmonieuse; il faut prouver que le bronze n'est pas plus favorable aux ondulations des draperies, que le marbre ne rend pas avec plus de vraisemblance les tons chauds et la fermeté des chairs, que les yeux mornes de nos statues ne sont point préférables aux pierres transparentes d'où semble rayonner la vie, que la couleur n'est point interdite à la sculpture, ainsi que le veulent nos théories abstraites, mais que la peinture, soumise à d'idéales conventions, peut concourir à un effet plus complet; il faut enfin, par une expérience décisive, forcer nos sens à des émotions inconnues et notre jugement à des formules moins étroites. Là est l'intérêt suprême, la lutte, le danger, là est le digne emploi d'une munificence princière; Phidias est déjà bien loin, ou plutôt il ne fait que prêter aux novateurs le patronage de son grand nom et l'autorité des textes.

Est-ce dans cet esprit que l'artiste chargé de restituer la Minerve d'or et d'ivoire a conçu son œuvre? Hélas! non. Il a été érudit plutôt qu'artiste : il s'est efforcé de construire une idole, rien qu'une idole, et il a maintenu, autant que cela était possible, les traditions de la sculpture monochrome; sa conviction bu sa prudence a résisté aux inspirations de M. de Luynes, qui lui disait jusqu'où l'archéologie avait poussé ses conquêtes et jusqu'où l'art pouvait pousser l'audace. Le problème, tel que je viens de le poser, a deux faces, l'une qui regarde l'avenir, l'autre qui regarde le passé. M. Simart l'a tourné vers le passé, c'est-à-dire vers les difficultés insolubles. Il a tenté de refaire Phidias et il a renoncé à devenir le représentant des idées nouvelles, à frapper les imaginations, à heurter même le goût et à soulever les tempêtes dont le retentissement s'appelle la popularité. Me pardonnera-t-on une comparaison que notre époque a rendue familière? M. Simart est un conservateur que l'on charge d'une révolution : peut-être la révolution se fera-t-elle, mais à son insu, tant il en est innocemment complice.

Avant d'entrer dans la véritable question, il convient de se placer au point de vue que l'auteur de la Minerve a choisi. L'intérêt général de l'art a été sacrifié : on ne nous présente plus qu'une restauration scientifique. Oublions, pour y revenir plus tard, la sculpture polychrome, et voyons d'abord comment le statuaire moderne a fait revivre Phidias.

Section I

J'ai entendu beaucoup de personnes critiquer les proportions réduites de la statue de M. Simart. La Minerve de Phidias avait vingt-six coudées de hauteur, c'est-à-dire environ trente-sept pieds. — Espérez-vous, disait-on, qu'une figure cinq ou six fois plus petite produira le même effet? — Il y a deux choses que l'on est porté à confondre : la grandeur relative et la grandeur absolue, la dimension et la proportion. Telle statue de cinquante pieds est d'une dimension gigantesque, et ses proportions sont mesquines; tel bronze antique est d'une proportion grandiose, et n'a pas un pied de haut. Je fais appel aux souvenirs de ceux qui ont vu le *Saint Charles Borromée* ou la *Bavaria* de Munich : qu'ils leur comparent, toujours par le souvenir, le *Thésée* du Parthénon ou la *Vénus* de Milo. Lesquels apparaissent vraiment grands, d'une grandeur absolue et sans limites? La *Vierge* de Saint-Sixte écrase les plus vastes compositions de l'école bolonaise; un temple grec, qui n'a point l'immensité d'une cathédrale gothique, ne me paraît point pour cela moins imposant. L'énormité n'est qu'une fausse grandeur qui frappe d'étonnement plutôt que d'admiration. Les peuples de l'Orient, en créant des êtres fantastiques, ont échappé aux règles de la raison : il était juste que dans les monstres tout fût surnaturel, jusqu'aux dimensions; mais quand les Grecs firent leurs dieux à l'imitation de l'homme, le genre colossal présentait des dangers sur lesquels les maîtres n'ont pu se faire illusion. Ils n'en obéissaient pas moins au vote populaire ou aux croyances religieuses : dès le temps d'Homère, on considérait la grandeur matérielle comme l'enveloppe nécessaire de la grandeur morale, de même que plus tard la beauté du corps parut le reflet de la beauté de l'âme. Pour moi, je suis resté mal converti au charme des colosses, et les groupes de la place du Quirinal me sembleraient encore plus beaux, s'ils étaient moins énormes. Les récits de Gulliver dans le pays des géants ne peuvent manquer de suggérer sur ce sujet des réflexions pleines d'à-propos. L'art gagne à exagérer d'une manière idéale les dimensions humaines, mais il rencontre une limite qu'il ne franchit point impunément : cette limite, je la crois tracée moins encore par les exigences de nos sens que par une loi dont le secret remonte à la création. Évidemment, lorsqu'une statue ne doit être vue que de loin, comme la Minerve de Phidias au fond du Parthénon, la perspective conseille de grossir les objets, tandis que leur image décroît. Tel n'était pas le cas de

M. Simart; il a donc eu raison de choisir cette heureuse mesure, qui dépasse la vérité sans dépasser la vraisemblance. Une figure de sept ou huit pieds pouvait revêtir une grandeur incomparable par le prestige des proportions. Il est regrettable que M. Simart n'ait point su obtenir ce prestige ?

Après les proportions vient le style, qui est le sceau des œuvres auxquelles est promise l'immortalité. Le style, c'est l'artiste tout entier. On imite le style de Phidias comme on imite le style de Corneille ou de Bossuet : c'est dire qu'on ne l'imite point, mais on en approche. Un esprit nourri par la contemplation des sculptures du Parthénon, qui s'est pénétré de toutes leurs formes, qui s'est rendu familiers les principes qu'elles recèlent, les procédés d'exécution qu'elles trahissent, peut approcher du style de Phidias, de même qu'un élève approche du style de son maître, de même que les Grecs fabriquaient de faux poèmes orphiques, les sculpteurs d'Adrien du faux éginétique, de même que nous imitons le XIIIe ou le XVe siècle, et que certains artistes en littérature s'assimilent les tours naïfs du moyen âge. Il est plus aisé, j'en conviens, de prendre le ton général d'une époque que de s'approprier la manière d'un seul homme, quand cet homme s'appelle Phidias. Tout le monde n'a pas la facilité singulière du peintre Dietrich, qui imitait en se jouant les écoles les plus opposées. Aussi n'oserais-je me plaindre parce que M. Simart n'a point réussi à nous rappeler le style de Phidias; mais qu'il ait emprunté aux monuments les plus divers les éléments de sa *Minerve*, qu'il se soit inspiré tour à tour des monnaies du siècle des Ptolémées et des pierres gravées du siècle d'Auguste, qu'il ait confondu les époques sans autre motif que la beauté des objets ou leur analogie lointaine avec les descriptions des auteurs, qu'on ait accepté ensuite ce mélange de styles pour du Phidias, voilà ce qui m'arrachera les plaintes les plus vives. C'est Phidias qu'il faut maintenant défendre, c'est le maître dont la grande figure n'aurait point dû être altérée par celui-là même qui lui voulait élever un monument magnifique.

Qui n'a point été frappé d'abord, en considérant la Minerve exposée au palais des Beaux-Arts, par la profusion des ornements ajoutés au casque? Un sphinx et deux griffons s'étendent sur le sommet arrondi; ils supportent trois vastes panaches, sans légèreté et sans couleur. Deux têtes d'Apollon à la chevelure rayonnante ornent les garde-joues. Huit chevaux, engagés à mi-corps, s'élancent de la visière; ils forment un épais bourrelet, plein de trous et de saillies, qui écrase le front de la déesse et en écarte la lumière; les boucles mêmes de la chevelure, en or comme le casque, se massent avec lui pour charger davantage la tête et le cou d'ivoire. Est-ce donc là, s'est-on demandé, l'exquise sobriété du génie grec? Où est cette simplicité idéale qui se parait de sa nudité, loin d'appeler le secours des vains étalages? Phidias préférait-il le luxe des ajustements à une ligne pure ou à un contour délicieux? Les auteurs ont-ils pu célébrer un semblable casque? — Les auteurs parlent d'un casque surmonté d'un sphinx; sur chacun des côtés était sculpté un griffon : ils n'ont rien ajouté de plus.

Cependant le goût des modernes ne s'est point tenu pour satisfait d'une décoration riche avec tant de mesure. On a voulu trouver sur des monnaies et des pierres gravées un type plus pompeux, plus digne d'être attribué à Phidias. On ne s'est même pas refusé à croire, sans preuves, que ces monuments offraient une copie de la Minerve du Parthénon. M. Quatremère de Quincy a rendu populaire cette opinion, que M. le duc de Luynes et M. Simart ont adoptée. Le premier, il a fait concourir à la restitution de sa Minerve les tétradrachmes athéniens et l'intaille signée du graveur Aspasius. Aucun fait néanmoins n'a encore permis d'imputer à Phidias des types créés par des époques postérieures, en opposition manifeste avec ses œuvres. Je me hâte de dire que M. Quatremère de Quincy ne connaissait point les sculptures du Parthénon lorsqu'il écrivit son livre sur le *Jupiter Olympien*; il ne les vit à Londres que neuf ans plus tard; les lettres qu'il adressait alors à Canova montrent avec quelle sincérité il abjura ses préjugés pour se faire l'apôtre de la lumière nouvelle. Il n'y avait donc aucune témérité à combattre, ainsi que je le faisais au milieu des marbres d'Athènes, les théories de M. Quatremère sur Phidias. J'ignorais même dans ce temps quelle entreprise M. Simart conduisait dans le silence de l'atelier. Si j'ai été prophète sans le savoir en signalant les écueils contre lesquels M. Simart devait échouer, ce n'est pas pour abandonner les vrais principes, aujourd'hui qu'ils viennent d'être confirmés par une expérience éclatante et par le sentiment public.

Soutenu seulement par ses conclusions historiques et par

l'influence secrète de son époque, M. Quatremère s'était formé de Phidias une idée que les monuments encore inconnus n'avaient point contredite. Il lui prêtait un style voisin de l'archaïsme; il voulait qu'il fût resté étroitement attaché aux vieilles traditions, copiant les mannequins habillés somptueusement par les prêtres, s'efforçant d'en surpasser la richesse toute matérielle, n'employant l'or et l'ivoire que pour arriver plus sûrement à un luxe étincelant. En un mot, Phidias créait bien des types, et des types admirables, mais avant tout il fabriquait des idoles. Or, si ces idoles étaient adorées des artistes parce qu'elles étaient belles, elles étaient adorées de la multitude parce qu'elles étaient magnifiques, de sorte que la condition de la toreutique pour M. Quatremère, c'est d'arriver par la magnificence à la beauté. La conviction de M. Quatremère est si forte, qu'elle l'entraîne même à écarter les textes les plus précis pour chercher dans les musées une figure qui réponde à son idéal. Ainsi Pausanias avait dit expressément que la Minerve du Parthénon était vêtue d'une longue tunique qui lui tombait sur les pieds. Telle, en effet, la déesse est représentée sur les monuments innombrables de l'art athénien : elle n'a que la tunique, et M. Simart cette fois s'est conformé scrupuleusement au témoignage de Pausanias. Mais M. Quatremère le juge insuffisant; il va chercher un modèle tout différent à la villa Albani, et choisit une Minerve qui porte, outre la tunique, le manteau deux fois enroulé autour d'elle. Il obtient ainsi trois étages de draperies, où l'or change autant de fois de couleur. De même, au lieu de s'en tenir aux paroles de Pausanias et de Pline, M. Quatremère emprunte au cabinet de Vienne le jaspe gravé par Aspasius. Il y voit une copie de la Minerve de Phidias, ou du moins de son buste. Est-il déterminé par le caractère puissant du type, par la majesté des formes, par quelqu'une des qualités héroïques qui peuvent trahir l'inspiration du grand siècle? Non. M. Quatremère est séduit par tout ce qui nous rendrait au contraire suspecte la prétendue copie de Phidias, par l'abondance des ornements et par un style plein de recherche.

Le hasard, qui préside aux ruines comme aux découvertes, se joue souvent de la science en confondant les opinions les mieux établies. Ce n'est point moi qui conteste ce que M. Quatremère croyait incontestable. Je ne fais que traduire le muet témoignage des œuvres de Phidias, révélées depuis quarante ans à l'Europe. Dans cette longue série de sculptures que des mains d'élèves ont en partie exécutées, où trouve-t-on rien qui ressemble à la recherche ou à une richesse voisine de l'ostentation? Où reconnaît-on l'asservissement aux antiques formules et la gêne de la tradition sacrée? N'y voit-on pas plutôt une liberté qui serait infinie, si elle ne se mesurait elle-même? L'art arrivé à sa perfection n'est pas seulement indépendant, il est le maître, car la religion demande aux sculpteurs de créer des types plus beaux et de lui donner des dieux. En même temps quelle grandeur par la proportion ! quel tempérament exquis de qualités opposées, la force et la souplesse, la fantaisie et l'étude, la noblesse et le sentiment, l'austérité et le charme, une fécondité inépuisable unie à cette sagesse qui se résigne parfois à se répéter plutôt que d'outrer l'originalité! Quel naturel rencontrant sans effort les traits les plus saisissans! Surtout quel génie de grâce et de simplicité! Si les lieux et le ciel ont quelque influence sur l'esprit d'un peuple, la nature n'enseignait-elle pas, en Grèce, aux artistes combien la distinction est ennemie du luxe, comment les beautés sobres et la nudité même produisent les plus vifs effets et des impressions toujours neuves ?

Ce caractère éminent du génie de Phidias ne pouvait disparaître tout à coup, parce que l'or se substituait au bronze, l'ivoire au marbre. La matière fait l'artisan, elle ne fait point l'artiste. Un esprit affecté restera affecté devant la pierre la plus grossière; un talent puissant ne tombe pas dans la minutie, parce qu'il s'apprête à façonner un lingot d'or. Il est vraisemblable qu'à ses débuts la statuaire chryséléphantine copia trop servilement les habillements et les parures des statues en bois; elle s'attachait peut-être à en reproduire la variété, la profusion, me permettra-t-on ce mot? le clinquant. Ce fut le rôle de Phidias de la ramener à un goût sévère et au mépris de ces étalages : j'en ai pour garant la manière grave, idéale, de celui que l'antiquité proclamait digne de créer des dieux. L'or et l'ivoire n'étaient point à ses yeux des trésors dont il fallût multiplier les éblouissements, c'étaient les plus belles substances où pût s'incarner la pensée humaine. Pour la multitude, leur poids dans la balance était une pieuse satisfaction; pour l'artiste, elles n'avaient que la valeur que son génie leur donnait. Assurément l'ivoire ne veut point être travaillé comme le marbre, l'or offre des ressources que n'offrent point les autres métaux ; mais la science qui met en un jeu favorable ces matières précieuses est une science toute technique. Quant à la pensée qui leur donne la vie, elle demeure ce qu'elle eût été sous le bronze ou sous la pierre, et, lorsque c'est la pensée du maître athénien, elle demeure simple et sublime.

Voilà pourquoi je ne saurais me figurer sa Minerve semblable aux madones d'Italie, accablée d'or et de joyaux. Voilà pourquoi le style d'Aspasius me paraît tout ce qu'on peut concevoir de plus contraire au style de Phidias. J'examinais récemment dans le cabinet impérial de Vienne ce beau jaspe, où un talent plein de finesse a multiplié les difficultés à plaisir. C'est un prodige de gravure sur pierre, et les connaisseurs ne sauraient trop le vanter à ce titre ; mais y voir un chef-d'œuvre de sculpture, y reconnaître les caractères du grand art, et surtout un reflet du siècle de Périclès dérobé par l'imitation, cela m'est impossible. Loin de diminuer le mérite d'Aspasius, je le rehausse en considérant l'intaille qu'il a signée de son nom comme une création originale, et non comme une copie. Seulement il est de son temps, et plus il fait paraître une habileté consommée, plus il nous avertit qu'après plusieurs siècles l'art grec a été entraîné bien loin de ses divines sources, si loin qu'on a pu l'appeler l'art alexandrin et l'art romain. Alors les raffinements d'exécution étaient parvenus à un degré à peine croyable ; la glyptique notamment fournissait aux rois, et plus tard aux empereurs, des œuvres d'une délicatesse, d'une subtilité telles que ni Polycrate, ni Cimon, ni Périclès n'en avaient possédé d'aussi remarquables ; mais la largeur du style, mais le sentiment grandiose, mais le modelé puissant, mais ce souffle propre aux époques privilégiées et qui anime tout ce qu'elles produisent, que sont-ils devenus ? Je ne crains point de paraître un barbare si j'avoue que les camées de Paris et de Vienne, aussi bien que les intailles d'Aulus et de Dioscoride, me paraissent bien humbles auprès d'un bas-relief du Parthénon. Cependant ils charment davantage les connaisseurs par la rareté de la matière, par le travail précieux, par l'intérêt d'un sujet circonscrit, par la finesse des contours et la pureté étudiée des lignes. On les manie, on les regarde à la loupe, on les compare ; ils prêtent à de savantes dissertations ; ils se gravent mieux dans la mémoire, ainsi que les petits cadres de Gérard Dow ou de Miéris. L'attention qu'on est forcé de leur accorder et le plaisir qu'ils causent finissent par faire oublier qu'un abîme les sépare des œuvres qui ont assuré à la sculpture grecque l'empire éternel de l'art; cet abîme, c'est le progrès continu, qui finit bientôt par se changer en décadence. Hélas! l'art, non plus que la vie, ne remonte point son cours : la maturité a beau se charger de parure, elle ne se refait point une jeunesse envolée pour jamais. On place la pierre d'Aspasius vers le premier siècle de l'ère chrétienne. Supposez-la plus ancienne encore, remontez jusqu'aux Ptolémées : je dirai que le siècle des Ptolémées aussi bien que celui d'Auguste, comparés au siècle de Périclès, sont la décadence.

Des preuves positives peuvent donc seules permettre de confondre les époques et de demander à Aspasius le secret de Phidias. Les auteurs nous apprennent-ils qu'Aspasius ait copié la Minerve du Parthénon? Ils ne disent rien de semblable. — Aspasius était-il Athénien? On l'ignore. — A-t-il du moins vécu à Athènes? On l'ignore également. — Dès longtemps les artistes grecs s'étaient accoutumés à vivre à la cour des rois de l'Orient, puis dans la Rome des empereurs. Non, rien dans l'histoire n'autorise cette conjecture, qui repose uniquement sur un rapprochement. On a remarqué que les monnaies d'Athènes offrent un type analogue au type d'Aspasius. Or on supposait déjà que les monnaies athéniennes reproduisaient la tête de la Minerve de Phidias. Il était naturel de conclure que la tête d'Aspasius était elle-même une copie.

Les questions se trouvent ainsi reculées, mais elles ne changent pas. Quelle preuve a-t-on que les graveurs de monnaies athéniennes aient répété la vierge du Parthénon? Aucune. — Pourquoi n'auraient-ils pas créé, eux aussi, un type monétaire, de même qu'on trouve sur les monnaies des villes grecques des types innombrables de Minerve? Rien ne s'y oppose, et les chevaux ajustés sur la visière étaient peut-être destinés à rappeler le premier quadrige attelé par Minerve. — Au moins cette innovation remonte-t-elle au temps de Phidias? Tant s'en faut : les médailles du beau siècle conservent toujours l'ancien type, avec la bouche souriante, l'œil présenté de face, et un simple casque couronné de feuilles d'olivier. Il semble cependant que l'enthousiasme excité par le chef-d'œuvre récemment créé aurait dû plutôt alors se traduire sur les tétradrachmes, tandis qu'après un ou deux siècles d'habitude, l'idée de copier sur les monnaies la déesse de Phidias est bien tardive. D'ailleurs ce nouveau type n'a rien que de médiocre; la fabrique dénote une négligence que ne peuvent s'expliquer les admirateurs du génie attique. La forme des lettres ne permet point de croire les premiers coins de cette fabrique antérieurs aux successeurs d'Alexandre. Cent cinquante ans s'étaient écoulés depuis Phidias : qu'était l'école de Raphaël ou l'école de Titien cent cinquante ans après le maître? Enfin, si le casque figuré sur ce tétradrachme répondait aux descriptions de Pausanias, il faudrait bien se faire violence et reconnaître que Phidias a eu de tristes interprètes; mais au contraire le tétradrachme ne présente ni le sphinx ni les griffons dont parle Pausanias : en échange, il porte deux pégases et quatre chevaux,[1] dont il ne parle pas.

Laissons une conjecture sur laquelle je me suis peut-être trop longuement étendu. On ne saurait trop regretter que M. Simart ait consacré à une idée malheureuse plus de temps et de talent que n'en eût demandé une idée simple qui eût été conforme au témoignage des auteurs, car je regarde comme un tour de force d'avoir traduit en ronde-bosse le travail minutieux d'une intaille. L'esprit grec, esprit philosophique par excellence, avait bien compris les exigences des différentes branches de l'art. Le même sujet était traité d'une manière souvent opposée par le peintre ou par le sculpteur, par le graveur en médaille ou par le graveur en pierre dure. Quand les artistes se copiaient les uns les autres, ils imitaient librement. Parmi tant de statues antiques qui se répètent, il est rare de ne pas trouver des changements dans le style, dans les gestes et surtout dans les attributs. A proprement parler, on ne copiait point un chef-d'œuvre, on s'en inspirait, tandis qu'aujourd'hui nos copies sont mises au point. Combien la liberté ne devenait-elle pas plus grande, lorsque l'imitateur se proposait en même temps de faire valoir les couches inégales d'un camée, ou de montrer sa subtilité à creuser la cornaline et le jaspe,

---

[1] Dans l'intention du graveur ancien, la visière ne devait être vraisemblablement surmontée que de quatre chevaux, le quadrige panathénaïque ; mais, par un procédé familier aux graveurs grecs, il a supposé sa visière tournée de trois quarts : au lieu de montrer seulement deux chevaux en profil, il les montrait tous les quatre. Il ne fallait donc pas doubler ce nombre et en faire huit.

ou d'assurer à son coin un beau relief et un facile dépouillement! C'est ce que ne considèrent point assez ceux qui cherchent sur les petits objets de ce genre, non pas seulement des indications, mais des modèles pour la grande sculpture. Encore les indications elles-mêmes sont-elles contradictoires.

J'ai sous les yeux une planche que M. le duc de Luynes a bien voulu me communiquer; il y a réuni les monnaies d'époques et de pays divers, sur lesquelles est représentée Minerve en pied, portant une Victoire dans sa main étendue. Il est permis d'y voir une réminiscence du célèbre type de Phidias. Eh bien ! ici la Victoire est tournée vers la déesse, là vers la foule; plus loin elle se présente de face. Tantôt la pointe de ses ailes est dressée vers le ciel, tantôt elle est baissée vers la terre, ou bien elle offre une couronne, ou bien elle étend une simple guirlande qui doit ceindre le front de Minerve. Le serpent, qui se voit sur la monnaie d'Athènes, a été omis ailleurs. Les boucliers sont indifféremment à côté de la déesse, devant elle, derrière elle, tenus ou abandonnés, décorés au centre d'une tête de Méduse, ou tout unis. Ainsi les graveurs de monnaies variaient un même motif au gré de leur fantaisie. Qu'était-ce donc lorsque l'artiste maniait une pierre précieuse sur laquelle sa science voulait briller sans mesure, et multiplier les détails tant qu'il y avait place pour un trait! C'est l'histoire d'Aspasius, qui s'était peut-être inspiré du tétradrachme athénien, comme nos graveurs de pièces d'or se sont inspirés en 1848 des médaillons syracusains; mais lorsque M. Simart a tenté de copier en ronde-bosse tous les attributs du casque d'Aspasius, lorsqu'il lui a fallu déterminer les saillies, disposer les plans, calculer la perspective, agencer onze animaux sur une tête, il a dû rencontrer des difficultés inouïes. Je le répète, si l'idée est fâcheuse, l'exécution est un tour de force.

M. Simart a encore emprunté à la pierre d'Aspasius le riche collier qui couvre la poitrine de sa statue et les pendants d'oreilles. Que les écrivains anciens aient négligé de parler de cette parure, si toutefois Phidias l'avait employée, cela n'aurait rien de surprenant. Cependant ils rapportent tantôt qu'on a volé le bouclier d'or, tantôt que les ailes de la Victoire ont été coupées par des sacrilèges : il semble que des joyaux d'une dimension colossale auraient dû attirer avant tout l'attention des malfaiteurs. Sur les monnaies, les têtes féminines portent fréquemment des ornements de ce genre, quoique plus simples. Le collier forme une transition si heureuse avant que le cou ne soit brusquement tranché! le pendant s'attache si naturellement à l'oreille qui se présente de face, et l'unit si bien à la courbe du menton ! La gravure en médaille, selon les règles que nous constations tout à l'heure, gagnait singulièrement à maintenir un ajustement semblable. Cet ajustement convient-il aux statues? Minerve sera-t-elle parée comme Proserpine ou comme Vénus? Le collier est-il en harmonie avec l'aspect sévère du casque, de la lance et de l'égide? On en trouve des exemples. Aussi ne verrais-je point d'objection sérieuse à la restitution de M. Simart, si là encore n'apparaissait une tendance contre laquelle je ne cesserai point de protester, le respect des traditions religieuses substitué au respect de l'art, l'idole habillée que l'on veut montrer plutôt que le type créé par Phidias. M. Simart ressemble à un panégyriste nommé d'office qui n'est pas assez convaincu des vertus de son héros. Son œuvre paraît nous dire : « Oui, le grand sculpteur a sacrifié au goût de son temps; oui, il a cédé aux exigences des prêtres; oui, il a dû copier les mannequins en bois que les siècles avaient successivement vénérés. De là le luxe d'attributs, de là l'excès d'ornements, de là les pendants d'oreille et les colliers. Excusez-le, excusez-moi, je suis forcé de l'imiter : voici ce qu'il avait fait. » L'accent d'une conviction forte eût été au contraire : « Phidias a imprimé à l'art grec un mouvement plein de grandeur et d'audace. L'or et l'ivoire étaient pour lui des matières de prédilection; sa pensée y trouvait le plus splendide des vêtements. Loin de les employer par un esprit de servile imitation, il en faisait sortir des chefs-d'œuvre incomparables, — dédaigneux du passé, accusé d'impiété à plusieurs reprises, et ne voulant relever que d'Hésiode et d'Homère. Ses conceptions étaient si hautes, que les Grecs, et plus tard les Romains, avouaient qu'il leur avait révélé Jupiter et Minerve; elles étaient si belles, qu'elles apprirent à l'antiquité païenne à adorer la beauté divinisée avant la divinité même. »

Me suis-je trompé, ou bien M. Simart, dans son désir de prêter au style de Phidias quelque chose d'archaïque, n'a-t-il pas été entraîné en effet vers la Minerve des frontons d'Égine? Je parle maintenant du visage de la déesse; ri m'a frappé par un mélange bizarre du style d'Aspasius et du style éginétique. Le profil est imité de la pierre gravée, les lignes ont la pureté et le caractère que tout artiste grec rencontrait dès que sa main était assez habile pour traduire les modèles dont sa mémoire était nourrie. Voilà bien le nez droit, la bouche peu saillante, le menton fortement accusé, les traits principaux de ce type universel qu'offraient à Aspasius des milliers de monnaies et de vases, productions des époques qui l'avaient précédé. Seulement un artiste du beau siècle eût présenté l'œil un peu de trois quarts, afin de lui donner plus de grandeur et d'en faire sentir le globe arrondi; il eût surtout prolongé, en la rabaissant davantage, l'arcade sourcilière, afin de donner aux tempes plus de dégagement. La hauteur du front nous paraît le signe extérieur de l'intelligence : les Grecs au contraire tenaient le front bas, mais ils en développaient la convexité; ils obtenaient ainsi sur les tempes ces beaux plans où se joue la lumière, symbole de la pensée.

Si le trait m'a semblé emprunté à Aspasius, le modelé m'a rappelé la *Minerve d'Égine*, une des richesses du musée de Munich. Une certaine naïveté, un parti pris de simplification, la raideur même des contours, sans le sourire éginétique qui tempère la raideur, ont éveillé en moi ce souvenir. M. Simart me répondra peut-être que je lui prête des intentions qui n'ont pas été les siennes, et je le croirai; mais pour les impressions de ce genre le spectateur est meilleur juge que l'auteur. Dites à un compositeur moderne que tel et tel de ses motifs sont imités de Mozart ou de Haydn; il se récriera, et ses protestations seront sincères, car c'est à son insu qu'il a pris une réminiscence pour une inspiration originale. M. Simart a étudié de trop près les antiques pour n'être point sujet à des réminiscences. Du reste, ce n'est point le lieu d'exposer quelle différence profonde séparait l'école éginétique de l'école attique, dont Phidias était le chef: il me suffit d'avoir indiqué les principes de l'histoire et de l'art que j'estime les véritables. Quelques détails seulement me forcent encore à défendre Phidias. Qui reconnaîtra son style, par exemple, dans l'égide, courte et sans ampleur, tirée symétriquement comme la guimpe d'une jeune fille? La tête de Méduse est copiée sur les vases et les terres cuites, mais ce monstre grimaçant n'avait-il pas été idéalisé par Phidias ? Il me faut du courage pour ne pas admirer sans réserve la petite Victoire, car elle est charmante. Elle est charmante, et pourtant ce n'est pas du Phidias. Le torse entièrement nu, la tunique, que la saillie des hanches ne peut déjà plus retenir, sont contraires à la tradition athénienne du beau siècle. Pour les Athéniens, la Victoire n'était point un être allégorique, c'était une forme différente de Minerve, c'était Minerve elle-même : elle avait un temple sous le nom de Minerve-Victoire. Il était donc naturel qu'elle fût entièrement vêtue : telle on l'a retrouvée au fronton occidental du Parthénon. C'était là qu'il convenait de chercher un modèle, et non pas en Sicile, sur les monnaies du roi Agathocle. Le serpent est beau : ses plis sont largement enroulés, son attitude a quelque chose de grandiose et de mystérieux; toutefois Pausanias nous dit que Phidias l'avait placé auprès de la lance. Pourquoi mépriser de nouveau son témoignage et préférer des médailles ou des bas-reliefs qui le contredisent et perdent par là toute autorité? Partout je reconnais cette timide sagesse, que le besoin d'appui a rendue téméraire; les monuments ont été écoutés plutôt que les textes, les petits objets d'art confondus avec les créations de la grande sculpture, parce qu'il était aisé de les copier littéralement, tandis que s'inspirer uniquement des sculptures du Parthénon était un labeur redoutable. Aussi est-ce au nom de Phidias que l'opinion récuse l'œuvre de M. Simart, au nom de Phidias, dont les marbres toujours vivants protestent par leur muette, mais invincible éloquence. Au nom de l'art, dont les espérances ont été déçues, j'aurai peut-être le droit d'être plus sévère encore.

Section II

Nous quittons Phidias et les secrets que le temps a rendus impénétrables. Les questions qui intéressent le progrès de l'art moderne ont une tout autre importance. La statuaire qui emploie les matières précieuses et les couleurs variées, la statuaire polychrome, était au fond le véritable problème. Méritait-elle de renaître ou de rester oubliée? Quelle que fût la statue, l'effet matériel devait tout décider; tout dépendait de l'exécution. Par l'exécution, M. Simart pouvait gagner la plus belle des batailles, soit qu'il dût faire un pastiche d'après l'antique, soit qu'on le laissât libre de traiter un sujet original. Fallait-il donner à l'or tous ses feux, le rehausser d'émaux et revêtir l'ivoire de teintes conventionnelles, ou bien devait-on se contenter des nuances adoucies du métal et des tons naturels de l'ivoire ? dans les deux cas, la polychromie était toujours en jeu : il convenait d'établir l'harmonie entre des matières diversement colorées; mais assurément M. Simart a trouvé une solution des plus imprévues, en enlevant à l'une et à l'autre substance sa couleur propre et sa splendeur.

Je considère d'abord le visage de la *Minerve*, et je cherche en vain les contours moelleux et l'épiderme vivant de l'ivoire. Sa fleur a disparu, sa teinte est blême ; les colliers et les pendants d'oreilles rendent plus sensible encore cette pâleur. Je me suis rappelé involontairement les cadavres de jeunes femmes que les Allemands exposent dans leur plus riche parure. Un premier tort est d'avoir choisi de l'*ivoire mort*, c'est-à-dire une défense tombée après sa maturité, tandis que l'*ivoire vert*, c'est-à-dire la défense arrachée avant sa complète croissance, est plus favorable au travail du sculpteur. Un second obstacle, c'était l'inexpérience de l'artiste. La matière en effet était rebelle, et la main qui la façonnait ne possédait point la science nécessaire pour la dompter. M. Simart n'a point l'habitude de creuser l'ivoire, c'est le cas de tous nos artistes, je le suppose. Les praticiens exercés qu'il a pu appeler à son secours ne savaient eux-mêmes travailler que de très petits objets; d'ailleurs les praticiens ne font que traduire servilement le modèle du maître. Or l'ivoire est une substance dont le grain, dont les veines, dont le poli, exigent des procédés spéciaux, et, ce qui est bien supérieur aux procédés, une intelligence spéciale. La matière ne fait pas l'artiste, disais-je tout à l'heure, non, pas plus que la langue ne fait l'écrivain; mais l'écrivain, selon la langue dans laquelle il s'exprime, luttera contre des obstacles différents et devra deviner des richesses nouvelles. Il y a eu dans les temps modernes des artistes auxquels le travail de l'ivoire était familier. Qui n'a vu de ces *christs*, d'une dimension déjà notable, que le XVe et le XVIe siècle ont légués à notre admiration? Qui n'a remarqué combien l'ivoire est attaqué vigoureusement, tourmenté même, combien le modelé est plein de mouvement et de saillies? Autant que la vérité le permet, les contours sont brefs, les surfaces nombreuses et variées. Le jeu des muscles est accusé avec une légère exagération, comme dans la sculpture en bois. Partout la lumière glisse et se brise, afin de pénétrer une substance dont le tissu serré la repousse, et dont l'éclat tend à rapprocher tous les plans. Les ivoires antiques qui nous sont parvenus, quand l'épiderme n'est pas complètement exfolié, révèlent aussi un travail dur qui a voulu corriger la douceur de l'ivoire.

Lorsque les dimensions s'agrandissent, les dangers aussi bien que les ressources croissent en proportion. Ne faut-il pas à la fois fouiller plus vivement l'ivoire et compter sur ses effets plus mous, sur ses reflets plus larges? Ne faut-il pas forcer le modelé de peur qu'il ne paraisse plat, ménager des ombres plus profondes de peur que la lumière ne s'étende avec uniformité? Ne faut-il pas surtout obtenir cette couleur que le ciseau sait obtenir du marbre? J'ignore les procédés; je pose seulement des questions que M. Simart ne paraît point s'être posées à lui-même. Du moins, s'il a voulu les résoudre, l'exécution l'a trahi. Un autre sculpteur eût peut-être deviné d'inspiration les secrets de l'ivoire; mais le plus sage était d'étudier les œuvres des maîtres, afin d'apprendre comment on lutte avec la matière et comment on dégage toute sa beauté.

Ce qui est vrai pour le visage ne l'est pas moins pour les bras de la *Minerve*. Ils offrent de bonnes parties, par exemple les parties pleines et arrondies, où l'office naturel de l'ivoire concourt à faire valoir le talent de l'artiste. Assurément le haut des bras a une grâce pleine d'ampleur; leurs attaches avec les épaules sont puissantes et d'un caractère vraiment noble. Malgré son indécision, le bras qui porte la Victoire a d'heureux contours. Au contraire les parties où le travail est compliqué, où les détails délicats doivent paraître, les muscles se dessiner sous la chair, les articulations se nouer finement, tout cela est vide, paralysé, sans vraisemblance. Les mains sont lourdes, les poignets sans liberté ; les faces antérieures des avant-bras paraissent aplanies au rabot et d'une simplicité toute primitive. Est-ce à dire que M. Simart n'a point appliqué les principes de l'art qu'il possède si bien? A-t-il commis des erreurs aussi sensibles? Non certes, quoique l'on ne puisse méconnaître une affectation d'archaïsme et une naïveté éginétique qui n'a rien de commun avec Phidias : les frontons du Parthénon protestent hautement. Non, c'est toujours la matière qui s'est jouée du talent qui la pensait dompter. Approchez-vous, tout près, plus près encore, et vous distinguerez les preuves d'une science qui se dérobe à quelques pas. L'ivoire, par la délicatesse de ses tons et la faible valeur de ses ombres, efface des détails que le marbre, plus fidèle, eût transmis. Si vous pouviez atteindre au visage de la déesse, vous reconnaîtriez que le nez a assez de saillie, que la bouche est bien creusée, que les paupières sont étoffées et moelleuses. Qui sait? le front, de loin, semblait plat; peut-être reprendrait-il aussi la proéminence qu'il a d'ordinaire sur les bustes antiques, d'autant que les huit chevaux du casque l'écrasent en condamnant à une triste obscurité le siège de la pensée.

Qu'une première expérience ait été contraire à M. Simart, rien de plus naturel. Les bons juges étaient tout disposés à oublier une exécution inégale, à la condition que l'effet général de l'œuvre répondît à leur attente. Quel est l'effet de l'ivoire? Quel charme, quelle richesse nouvelle prête-t-il à la statuaire? Pourquoi l'antiquité le préférait-elle au marbre? Ce n'était point une substance tellement précieuse, que sa cherté seule la fît offrir aux dieux, surtout si l'art, ce dieu suprême de la Grèce, en eût réprouvé l'usage. L'ivoire était-il plus propre à recevoir les nuances idéales de la polychromie, ou bien sa couleur même paraissait-elle approcher des tons de la chair et de sa pâleur dorée? car M. Simart pouvait opter entre ces deux systèmes.

Le parti le plus hardi, le plus favorable peut-être aux progrès de la science, c'était de colorer l'ivoire. M. Simart eût repoussé ces couleurs vraies qui copient la nature; l'imitation, quand elle arrive à l'exactitude des figures de cire, n'excite que le dégoût. Il eût choisi des teintes de convention parce que l'art est quelque chose de plus que la nature, des teintes d'une épaisseur inappréciable, afin de ne point nuire aux formes, d'une vigueur ou d'une finesse de ton calculée, afin de les faire valoir : il eût protégé par cette cire, que les procédés encaustiques rendent plus pénétrante, l'épiderme d'une substance animale qui se dégradera promptement. Déjà, si toutefois je ne me suis point fait illusion, une fente menace de se déclarer sur le cou de la Minerve. Une grande surface d'ivoire jaunit par places, se salit, s'écaille. Les Grecs prenaient des précautions inouïes pour conserver les statues de ce genre. Ils les entouraient d'eau de peur que la sécheresse ne les fît éclater, d'huile de peur que l'humidité des lieux marécageux ne hâtât leur décomposition. La couleur, ce voile éclatant qu'ils appliquaient au marbre de leurs temples, ne serait-elle pas un secours aussi efficace ? Otera-t-elle beaucoup au prix de l'ivoire, dont on sentira, à travers l'enduit subtil, briller l'éclat harmonieux et la douceur charmante ? J'en appelle aux peintres de miniatures. Dès lors les lèvres, les joues, que le bronze antique lui-même savait quelquefois laisser rougir, les sourcils, dont l'absence est une difformité, ne se pourraient-ils distinguer par un trait plus vif, et les yeux bleus ne cesseraient-ils pas de paraître deux taches sur la blancheur du visage ? En un mot, car je ne puis énumérer ici tous les problèmes de la statuaire polychrome, M. Simart avait une occasion unique d'éclairer son siècle sur cette question tant débattue. La science n'a que des affirmations timides, parce que souvent les preuves lui échappent. L'art peut tout oser, parce qu'il a une démonstration décisive : une belle œuvre. Textes anciens, témoignages des voyageurs, monuments retrouvés sous le sol, temples peints, statues peintes, terres cuites et vases couverts de couleur, Pompéi et Herculanum, qui ne sont qu'une immense peinture, l'art de l'Egypte et de l'Asie qui précède l'art grec, l'art byzantin qui le continue, tout a été produit par les savants, mais le goût moderne ne s'est point laissé fléchir. Le public, j'entends le public d'élite, est demeuré incrédule ou railleur. Nos théories abstraites sur les trois branches de l'art nous défendent de les confondre, et l'on craint la peinture appliquée par l'architecte ou par le sculpteur. On ose railler le goût des anciens, de nos maîtres en toutes choses ; on ne peut se figurer que la forme et la couleur aient pu s'unir par une convention idéale ; on nie qu'il y ait jamais eu là un principe de beauté. Ce sont les sens, en effet, qui nous persuadent la beauté : il appartient donc au sculpteur d'éprouver les sens par un spectacle qu'ils ne connaissent point encore. Plus il est commandé aux savants d'être réservés, plus il est permis au sculpteur d'être téméraire et de séduire les esprits qu'ils n'ont pu convaincre. La *Canéphore* envoyée à l'exposition universelle par M. Wolff, de Berlin, n'a rien qui doive décourager. Malgré sa petite proportion, malgré la médiocrité des draperies dorées, malgré la place défavorable, je n'ai point remarqué qu'on s'y arrêtât sans plaisir. Un buste de jeune fille peint que possède le musée de Lille a même paru si beau, qu'on n'a pas craint de l'attribuer à Léonard de Vinci.

Le second parti qui s'offrait à M. Simart était moins périlleux ;

n'excitant point d'orages, il promettait un succès assuré. C'était de maintenir les traditions de la sculpture monochrome et de complaire aux habitudes de notre goût. Nous voulons (ce principe est plus philosophique) que la sculpture ne s'attache qu'à la forme, qu'elle fasse complètement abstraction de la couleur, de même que le naturaliste, lorsqu'il classe son herbier, ne regarde point si les couleurs ou les parfums de ses plantes se sont évanouis. On s'accommodait du mélange de l'ivoire et de l'or par respect pour l'antiquité, qui force sur ce point toutes les croyances. On allait plus loin : l'imagination cherchait dans ce mélange une heureuse harmonie; les teintes jaunissantes de l'ivoire devaient se marier délicieusement avec les blonds reflets de l'or. Là encore la tyrannie de nos idées trouvait à se satisfaire; les matières différaient par leur richesse bien plutôt que par leur couleur. Aussi M. Quatremère, dans le dessin qu'il a publié de la Minerve, applique-t-il sur les chairs une teinte jaune et presque dorée. Le sculpteur ne pouvait faire ressortir de l'ivoire tous ses effets qu'en le frottant vigoureusement, en le traitant par les procédés encaustiques, en employant peut-être la cire, en demandant à l'expérience des praticiens les secours les plus énergiques. Auquel des deux systèmes s'est arrêté M. Simart? — A aucun, si l'on en croit les apparences, car non-seulement il n'a point appliqué à l'ivoire les teintes variées de la polychromie, non-seulement il n'a point profité de son éclat et de ses vertus naturelles, mais il lui a enlevé la couleur qui lui est propre et l'a rendu méconnaissable. Les morceaux sont magnifiques, du plus grand prix, et cependant l'aspect est pauvre. Loin d'être frappé par la qualité de la matière, on hésite. Est-ce du stuc? est-ce une composition? est-ce du bois de Spa ? entendais-je se demander autour de moi des personnes non averties. La naïveté satirique de ces questions prouve combien l'ivoire a été défiguré. Déjà le principe d'exécution, au lieu d'en faire valoir les ressources, les avait annulées. Il restait à en éteindre les tons brillants et voluptueux : par un malheur inexplicable, ils ont été éteints. Comparez à la *Minerve* les ivoires que je citais plus haut. Telles n'étaient point les intentions de M. Simart, qui en doute? mais l'effet, comme Galatée, a ses caprices et ses fuites, et l'effet l'a cruellement déçu : tant il est vrai qu'il n'y a rien de plus funeste aux novateurs que l'excès de prudence. Il fallait oser et non pas craindre : dans la témérité seule était le succès. Du reste, autant la critique se modère lorsqu'elle ne peut causer qu'un chagrin inutile, autant ses instances doivent être vives lorsqu'elle entrevoit un résultat. L'ivoire de la *Minerve* pourrait-il encore être travaillé dans un esprit différent ? Je l'ignore, mais assurément sa surface se prêtera à tous les essais, qu'on veuille dégager la splendeur qui lui est propre ou recourir k des couleurs étrangères. La science peut donc toujours supplier les artistes de mettre à l'épreuve ses théories, de les confondre peut-être, mais au moins d'instruire nos sens, puisque nous constituons nos sens les arbitres de la vérité. Je ne doute point que M. de Luynes, aujourd'hui que la statue est entre ses mains, ne la fasse revêtir de teintes brillantes et idéales. Nous saurons enfin si la polychromie n'est qu'un goût grossier, digne des civilisations dans l'enfance, ou si c'est un principe d'un ordre supérieur, qui veut que la couleur soit le charme de la forme et la lumière de la beauté.

Si, des parties nues, qui sont représentées par l'ivoire, nous passons à l'examen des draperies, qui sont représentées par l'or, la même déception nous attend. L'or n'est plus de l'or ; une timidité savante est parvenue à en étouffer tous les feux. La longue tunique paraît grise et comme effacée ; ses tons sont parfois ceux de la pierre, ses reflets appartiennent à l'argent plutôt qu'à l'or. Les accessoires seuls, le bouclier, le casque, les ailes de la Victoire, sont d'un ton franc, comme pour mieux écraser le vêtement principal. Je ne saurais ici alléguer l'inexpérience de l'artiste : il a voulu évidemment détruire l'éclat du métal, car partout un travail à la pointe hache les surfaces de la tunique. Les rayons du jour ne trouvent point les contours polis sur lesquels ils aimeraient à se jouer ; ils sont brisés par mille traits qui les absorbent ; les ombres projetées par les saillies n'ont plus elles-mêmes ni transparence ni valeur. Bien plus, les ornements, qui devraient se détacher sur le bas de la tunique en guise de légère broderie, disparaissent sous le réseau que le burin a creusé. N'était-ce pas le cas cependant de se rappeler que Phidias avait semé la draperie de son *Jupiter Olympien* de lis et de fleurs de toute espèce ? Ces fleurs n'étaient-elles point rehaussées de couleur, de même que la mosaïque byzantine, si pleine de traditions grecques, disposait ses peintures sur des fonds d'or ? Etait-ce trop risquer que d'imiter par des émaux une broderie délicate? Pour cela, il est vrai, l'or devait laisser éclater toute sa splendeur. « L'or, s'écriait Pindare, est comme un feu brillant qui resplendit à travers les ténèbres ! » La statue de M. Simart justifie mal un tel enthousiasme; elle nous ferait plutôt comprendre la figure hardie dont se sert le prophète des *Lamentations* : «Comment l'or s'est-il changé? comment a-t-il perdu sa belle couleur? » Vous n'aviez pourtant qu'à demander à l'industrie moderne ses secrets pour appliquer les dorures les plus variées, de même que Phidias employait les *teinturiers* en or nommés par Périclès dans son discours au peuple. Aussi la tunique, chaste voile des formes, devait-elle être un tissu de lumière, tandis que les accessoires recevaient un ton moins vif. Des ors brunis, je suppose, plus favorables au mélange du bronze dont nous parle Pline, composaient les armes; des ors verts, le serpent ou la Victoire; l'or destiné à l'égide sortait plus rouge des fourneaux, puisque primitivement l'égide se peignait de vermillon, si toutefois je comprends bien le témoignage d'Hérodote. Enfin, sans prétendre déterminer la valeur des différentes parties, on peut pressentir que leurs rapports étaient réglés par un calcul exactement opposé au calcul de M. Simart, le motif principal jetant tout son éclat, tandis que les ornements n'avaient qu'un éclat secondaire, propre à rehausser le motif principal. Mais surtout, on ne saurait trop le redire, que l'or reste de l'or! Pourquoi l'employer, si vous ne voulez qu'en gâter la richesse et en éteindre les clartés?

D'ailleurs ce qui est vrai pour l'ivoire ne l'est pas moins pour le plus précieux des métaux. L'or exigeait bien moins des procédés particuliers qu'une intelligence particulière. Il fallait comprendre sa nature, les avantages ou les difficultés qu'elle offrait; il fallait ne point le travailler comme le bronze ou comme le marbre. Les Grecs, qui avaient poussé l'analyse dans les arts jusqu'au raffinement, savaient parfaitement que les principes d'exécution varient selon la matière, parce que les difficultés sont inégales, encore plus les ressources. Les draperies surtout n'étaient point traitées de la même manière par le sculpteur, quand le modèle devait être copié en marbre ou moulé en bronze. Le bronze permettait plus de mouvement, des plis fins et répétés, des jets hardis, des sinuosités profondes, au point qu'on démontrerait aisément, devant tel antique des musées de l'Europe, que c'est la copie en marbre d'un chef-d'œuvre en bronze. Qu'était-ce donc lorsque l'or se présentait à son tour! Le sculpteur ne devait-il pas redoubler d'efforts pour tirer parti de son essence fine et ductile? N'imaginait-il pas un système de plis différents? Ne cherchait-il pas à multiplier la lumière par des jeux compliqués, à briser ses rayons pour les rallumer plus vifs, à ménager les ombres et les oppositions ? Sans déroger à sa grande manière, Phidias ne savait-il pas donner au métal une souplesse chatoyante pour en tirer les effets les plus magnifiques? Aussi, à la place de M. Simart, n'aurais-je emprunté mes draperies ni aux vierges des Panathénées, ni aux caryatides du temple d'Erechthée. Les unes et les autres sont drapées avec une fermeté et une tenue droite que commandait le sentiment de l'architecture. Les caryatides surtout ont un caractère monumental : les plis de leur tunique tombent sur le sol comme les cannelures d'une colonne. Je me serais inspiré de l'admirable groupe des *trois Parques*, enlevé par lord Elgin au fronton oriental du Parthénon. Jamais l'art n'a rendu le vêtement avec plus d'abondance, de mouvement, de délicatesse, de couleur, j'entends cette couleur qui jaillit du ciseau. C'est dans un tel esprit, qui n'exclut point une simplicité chaste, que l'or voulait être traité. Au contraire M. Simart a prodigué aux ornements l'éclat, la vigueur, la richesse; là seulement l'or a toute sa chaleur, tandis que les parties essentielles sont d'une facture monotone, d'un aspect froid, condamnées aux tons blafards. La tunique n'est rien moins qu'un tissu d'or et de lumière; on ne saurait dire, selon l'expression naïve des contes de fées, qu'elle est de la couleur du soleil. Le métal est à peine reconnaissable, si pâle qu'il se refuse aux sourires de la lumière et l'absorbe tristement. L'artiste a brisé lui-même le rameau d'or et renoncé à ses prestiges.

La liste est longue des causes compromises par ceux-là mêmes qui les voulaient rendre populaires. On ne saurait affirmer que M. Simart ait échappé à un danger semblable. S'il n'a point découragé le petit nombre de juges que M. Quatremère avait dès longtemps gagnés à la statuaire polychrome, si leur imagination charmée n'a point cédé aux impressions des sens, le public a passé froidement. On lui a nommé Phidias, il s'est incliné, mais en reléguant au nombre des fantaisies somptueuses du paganisme une œuvre où il ne reconnaissait point la marque saisissante de l'art qui n'a point de date et qui ne vieillit jamais. La Minerve est une aime que retournent déjà contre les savants ceux qui font passer avant la science le goût de leur temps. La beauté manifeste pouvait seule leur ouvrir violemment un horizon inconnu, car c'est par les sens et non par l'esprit qu'ils se transportent au point de vue du passé. La générosité de M. de Luynes sera citée dans l'histoire de l'archéologie au XIXe siècle; j'espérais que la statue elle-même serait mémorable dans l'histoire de l'art par l'influence qu'elle aurait exercée. Or, en matière d'art, l'influence d'une idée n'est réelle qu'autant qu'elle se traduit dans la pratique : on ne loue pas seulement un vrai modèle, on l'imite.

J'espérais que M. Simart aurait des imitateurs, je veux garder cet espoir; M. Simart lui-même trouvera l'occasion de prendre une revanche éclatante, fort de l'expérience qu'il ne devait, par une loi suprême, acquérir qu'à ses dépens. La statuaire polychrome, perdue depuis tant de siècles, mérite d'être reconquise. Ses magnificences ne sont point un jeu dispendieux; elles ont leur application dans nos mœurs, et l'industrie moderne nous assure qu'elles ne seront point une ruine. Quand je dis que la statuaire polychrome est perdue, je me trompe : elle existe, elle n'a jamais cessé d'exister; ses vraies traditions se sont seules perdues entre les mains mercenaires auxquelles on les abandonne. Ce serait écrire un livre que de raconter la longue décadence d'une branche de l'art que les Grecs avaient portée à sa perfection. Les sanctuaires antiques peu à peu remplis de dieux, les artistes réduits à des travaux moins glorieux, puis bientôt, à Rome, soumis au caprice des particuliers; les bustes de marbres divers et d'albâtre que l'on a découverts en Italie; les transformations de l'art byzantin, la révolution qu'y introduisit la secte des iconoclastes; les métaux précieux employés par la peinture à son tour, qui habillait d'or et d'argent ses figures sacrées; les admirables produits de la toreutique vénitienne et florentine; le goût nouveau des maîtres de la renaissance, qui, voyant les antiques sortir du sol sans les ornements que le sol avait consumés, ne voulaient plus que des statues monochromes; la prédominance absolue de ce principe, qui conduit enfin la sculpture moderne au culte de la forme abstraite et à la haine de la couleur, — il faudrait parcourir à loisir toutes ces phases de l'histoire : je ne puis que les indiquer au souvenir de ceux qui ont réfléchi sur l'art. Regardons uniquement autour de nous; ne remarquons-nous pas que la statuaire polychrome persiste malgré le mépris des sculpteurs? Elle a été conservée par le christianisme, qui, en effaçant les superstitions païennes, a gardé tant de traditions de l'art païen.

Les chrétiens d'Orient mêlent encore aujourd'hui la peinture et la toreutique. Les images de la Vierge et des saints ont la tête et les mains peintes. Pour figurer la draperie, on cloue une feuille d'or ou d'argent; les plis sont rendus, soit par un travail au repoussé, soit par les traits du burin. Le front est ceint d'une couronne de métal rehaussée parfois de pierres brillantes. L'église est-elle pauvre, le cuivre et le fer-blanc prennent la place de métaux trop coûteux. Ainsi, en proscrivant la statuaire qui avait forgé les faux dieux de l'antiquité, le culte byzantin, par une confusion singulière, transportait dans la peinture le luxe de la sculpture et le relief de ses ajustements. La religion catholique avait condamné les fureurs des iconoclastes : elle a présenté sans crainte à la vénération des fidèles les statues des personnages sacrés. Dans les centres privilégiés, les grands artistes ont été appelés, et leur influence a fait triompher la sculpture monochrome; mais dans les sphères plus modestes du culte, la polychromie s'est maintenue. Il n'est pas besoin d'aller jusqu'en Italie ni jusqu'en Sicile, où les imaginations aiment la couleur et veulent être enivrées par l'éclat extérieur des cérémonies. Restons à Paris; dirigeons-nous vers la cathédrale ou vers l'église de Saint-Sulpice; cherchons dans les rues voisines les magasins où se vendent tous les objets nécessaires au culte. Les vases les plus simples s'y trouvent à côté des œuvres les plus magnifiques, les produits de la toreutique à côté de la sculpture polychrome. Voici les tabernacles, les ostensoirs, les candélabres, où l'or, l'argent, le cuivre, l'émail, les pierres brillantes sont habilement mélangés. Voici des statues de toute grandeur et de tout prix, en plâtre, en stuc, en bronze, en bois; le curé de campagne n'y cherchera point en vain une sainte Vierge ou un saint Joseph à la mesure de ses humbles ressources. Les draperies sont entièrement dorées; les mains et le visage, le corps du Christ enfant sont peints à l'imitation de la chair; les yeux, les lèvres, les sourcils, la barbe, sont distingués par les couleurs qui leur sont propres dans la nature. Tout cela est bien naïf et même, je l'avoue, bien grossier; c'est la polychromie retombée dans son enfance. Pourquoi? Parce que les artistes l'ont rejetée, parce que les moins habiles qui l'ont recueillie ont laissé les traditions s'altérer d'âge en âge; l'art est devenu un métier. Si vous démêlez çà et là un modèle plus heureux, ce sera l'œuvre de quelque élève de l'école des Beaux-Arts : il gagnait par un travail honorable l'argent nécessaire à ses études. A-t-il eu le prix de Rome, est-il devenu célèbre? Il sourit en parlant des travaux qui lui ont donné le pain et la patience, ou même il n'en parle plus.

Il y a là cependant une source de beautés inconnues : c'était cette source tarie depuis des siècles que M. Simart était appelé à rouvrir. Les magnificences de la toreutique veulent pour abri les palais et les sanctuaires. Les palais sont rares dans notre pays, et l'état seul pourrait encourager un luxe aussi délicat. Les églises au contraire, avec leurs nombreuses chapelles, leur décoration, leurs vitraux, offriront un cadre favorable h la sculpture coloriée dès le jour où les sculpteurs voudront la relever jusqu'à eux. L'industrie a des procédés pour appliquer l'or avec économie sur les matières les plus viles, et les teintes qu'elle obtient ne sont pas moins variées que les alliages des anciens. L'ivoire n'effraie point par son prix, surtout quand les statues ne sont point colossales et quand la chasteté chrétienne réduit le nu à sa juste vraisemblance. Pour les églises moins riches, il reste le marbre, la pierre, le stuc, car Phidias et Polyclète n'ont dédaigné ni le bois doré, ni le marbre, dont les tons crus étaient, je le suppose, adoucis ou déguisés par la couleur; d'autres sculpteurs consentaient même à recourir au plâtre.

Ni le but ni les moyens ne font donc défaut à cette renaissance désirable : les moyens n'ont rien que de pratique, le but rien que d'élevé, puisque la religion le consacre; mais les hommes ont fait défaut. L'or et l'ivoire attendent que des artistes intelligents autant qu'habiles consentent à rechercher les principes oubliés, à créer une tradition, qu'ils se résignent à des tentatives infructueuses jusqu'à ce qu'ils rencontrent les idéales conventions sans lesquelles il n'y a point d'art, car la convention peut seule conjurer les dangers que présente l'union de la forme et de la couleur; seule, elle peut tourner ces dangers en beautés éclatantes. Ce vœu sera-t-il réalisé? Je l'ignore, quoique j'aie contemplé avec un vif intérêt la *Vierge* peinte exposée par M. Froget, et surtout la *Canéphore* de M. Wolff. N'est-ce point le vœu d'un barbare? Alors je cours risque d'être un barbare à la suite des Grecs. On dit qu'il faut être de son temps, et j'en suis. Assurément ils cèdent au plaisir de contredire, ceux qui nient le principe de la forme abstraite et appellent pauvreté l'indépendance si logique à laquelle la sculpture est arrivée depuis le XVe siècle; mais les deux systèmes ne peuvent-ils exister simultanément? Nos sens condamnent-ils notre goût à une tyrannie aussi exclusive? Dédaignons-nous les couleurs plates de la peinture à fresque depuis que nous connaissons les modelés incomparables de la peinture à l'huile? Au milieu des incertitudes que l'expérience peut seule résoudre, je ressens du moins cette confiance que les essais les plus malheureux ne sauraient altérer : ce que l'antiquité tout entière a admiré ne pouvait manquer d'être admirable, et si nos sculpteurs échouent là où les sculpteurs anciens ont produit leurs plus splendides chefs-d'œuvre, ce ne sont pas les Grecs qu'il convient de justifier, ce sont les modernes qu'il faut plaindre.

ISBN : 978-1976540059

Charles Ernest Beulé

www.ingramcontent.com/pod-product-compliance
Lightning Source LLC
Chambersburg PA
CBHW050253230526
45470CB00005B/2250